o som vertebrado

Edimilson
de Almeida Pereira
o som vertebrado

1ª edição

Rio de Janeiro, 2022

Copyright © Edimilson de Almeida Pereira, 2022

Design de capa: Violaine Cadinot
Imagem de capa: Josefa Alves dos Reis (Dona Zefa), Araçuaí, Vale
do Jequitinhonha/MG, fotografia de Lori Figueiró
Projeto gráfico de miolo: Ligia Barreto | Ilustrarte Design

O autor agradece a Bruna Beber, Carolina Torres e Letícia Féres,
pelas leituras e sugestões preciosas durante a edição destes sons
inesperados.

Este livro foi revisado segundo o Acordo Ortográfico da Língua
Portuguesa de 1990.

Todos os direitos reservados. Proibida a reprodução, o
armazenamento ou a transmissão de partes deste livro, através de
quaisquer meios, sem prévia autorização por escrito.

Reservam-se os direitos desta edição à
EDITORA JOSÉ OLYMPIO LTDA.
Rua Argentina, 171 – 3º andar – São Cristóvão
20921-380 – Rio de Janeiro, RJ
Tel.: (21) 2585-2000.

Seja um leitor preferencial Record.
Cadastre-se no site www.record.com.br e
receba informações sobre nossos lançamentos e nossas promoções.

Atendimento e venda direta ao leitor:
sac@record.com.br

ISBN 978-65-5847-095-3

Impresso no Brasil
2022

CIP-BRASIL. CATALOGAÇÃO NA PUBLICAÇÃO
SINDICATO NACIONAL DOS EDITORES DE LIVROS, RJ

P49s

Pereira, Edimilson de Almeida
    O som vertebrado / Edimilson de Almeida Pereira. – 1. ed. –
Rio de Janeiro : José Olympio, 2022.

    ISBN 978-65-5847-095-3

    1. Poesia brasileira. I. Título.

22-79255   CDD: 869.1
                         CDU: 82-1(81)

Gabriela Faray Ferreira Lopes – Bibliotecária – CRB-7/6643

Para Milton Nascimento

"Margem de
erro: margem
de liberdade."
ORIDES FONTELA[*]

---

[*] "Errância". *Trevo (1969–1988)*. São Paulo: Duas Cidades, 1988, p. 192. (Coleção Claro Enigma.)

mapa em colapso

MAPA EM COLAPSO

1.

Minas nega o desperdício.

Um grão fora do seu tempo
e o fruto apodrece.

Seca-se uma avareza
de cada vez,

quebram-se as que
não atingiram a têmpera.

Algo desanda, no entanto.
Um baile exclama

sob o véu de Saturno,
alguém desarma

a bomba do próprio nome.
Não há acordo.

Com a roda
trabalhando à míngua,

sendo Minas, desperdiçar
é justa economia.

2.

Não se adivinha
o que vai enterrado na raiz
dos dentes.

É pó, talvez se revele
em montanhas
de livros.

Não adianta um baque,
a faca
enferrujada

pela metade,
as formigas impedindo
a passagem.

Não se adivinha
o que está e nos satura
na raiz dos dentes.

Tudo diverge
à boca do cofre, afinal
o desespero

a flor morta
na península
são o pouco acumulado.

3.

Cada peça sobre esse corpo
não foi cosida a esmo.

Perguntou-se (como quem
avalia os impostos)

se seria fácil despi-lo.
Se teria o *élan* do morto

que atira flores quando
namora. Lavrou-se em ata

que os fios dariam
a quem os vestisse a certeza

de parecer completo.
De dúvida e dívida fez-se

o trabalho: a mão que o iniciou
queda sem posse

e salário. Outras nascendo
dela –

perdida a órbita do corpo –
desfiam a si mesmas.

4.

Tenho mais idade do que João
e Antônio.

Sem ilusões, sei muito
sobre pessoas
objetos e ofícios.

Assino em três vias
para que não restem
dúvidas.

Somo à assinatura
a sombra
policial de um carimbo.

Reviso texto, divido,
sumo
em meio aos cisnes.

Uso o tempo que faltou
a João e Antônio.

Foram-se quando
o coração
ainda saltava no cânion.

Sei da prole, do bicho
devorado
na cerca.

Sei, no entanto,
sabem mais do que eu
João e Antônio.

5.

Vou de norte a sul me despedir
dos mortos.

O clã diminui e cresce do próprio
adubo.

Alguém falece, de súbito, entre
o leste e o oeste –

um gesto indistinto nos une
à cabeceira

da cama. À espera do próximo
embarque,

a mala fora da porta.
Não admito que seja o teu

antes de completarmos
o sessenta e nove.

Com tanto ir e vir de Campanha
a Salinas, de Lisboa

a Bucareste – não importam
os paralelos.

Vou de norte a sul me despedir
dos mortos.

6.

Não tens coragem para rasgar
a fotografia
da qual és o único sobrevivente.
Demolir a casa é um trabalho menor.
Recusas o amor
dos que regam o subsolo.
Ainda oxigênio e espessura,
assaltas o jardim inimigo.
Há ritos novos
na esquina,
espécies de metal, mãos ilesas,
uma fábrica
ao redor
do teu corpo –
foi alegria o motivo para esse retrato,
desejo
consumado sem nódoa.

Um dia, quem sabe, tiras a moldura
e beijas o anjo da derrota.

7.

Difícil dormir esta noite
em que uma
palavra contorna
o corpo

humano ou não
sólido
com luvas
que lhe vedam a vista.

Aqui, onde os diques
se rompem,
onde a flor
da amizade mutila,

não se dorme e nenhum
de nós apronta
o cavalo
para a grande fuga.

Exaustos,
medimos pela greta
a onda
subindo, esta noite.

Os corpos em névoa
vivem melhor
nesta ou em qualquer
província –

também ela absorta em
arcos,
rendida a si mesma
sob ameaça.

8.

Quem esquece o crime
será
lembrado
pelos ossos de agora

mesmo que os vivos
– vendo ruir o andaime –
engravidem
em berço imaturo

e girem os calcanhares
a mil
decibéis
com letras de câmbio

em lugar das ideias.
Alguns bebem na esquina
alheios
à crepitação no piso,

ao risco no estanho.
O aviso de que pode
ser tarde
não lhes fatura a vida,

não tira sua conversa
do sério,
não veem a lama
pondo abaixo os tijolos.

Quem se lembra
esquece
a mão sobre um livro
no parque

e monta
– mesmo que não queira –
um relógio
com o que foi perdido.

9.

Sinto que o tempo aperta o aro
ao meu redor,
as árvores
os bugios também
e deixam
rastros sem chamar atenção
para isso.

Ao cachorro e à porção de água
também se impõe
a força
– quando melhor se luta –
com o nome em alto-relevo
na capa,
aí também
onde um sino é derrotado
sentimos
que o aro do tempo nos enforca.

RIO DO SONO

Em sonho vou com Domingos
por uma rua, descalços.
Não temos melindres, não há
sons na varanda.
Estamos livres para acusar
os ignaros.

Apesar deles, se navega,
alguém solta a âncora disposto
a não parar: o *Benjamin*
Guimarães levou irmãs
ao norte, primos ao desamparo.
Tateia-se o São Francisco.
Há mortos desde a primeira mão
nessas águas
e um fluxo de feroz recomeço.

O grão às vezes chega à mesa,
a fraude é uma ópera
e ninguém se responsabiliza.
O mito e a pedra foram
reduzidos ao ir e vir dos signos.
Escrever com dores de dente

já não é difícil – encomendam-se
metáforas
sem receita pelos correios.

Levados pelo fio que tecia
e hoje enforca, alguns se esfolam
em maus negócios.
Nem todos se renderam,
no entanto, vejo-os
atirando bombas de oxigênio
contra delegacias.

Em sonho, Domingos
me abandona se lhe pesam
meus pesares.
Descobriu há pouco
que não há rio nem barco,
apenas
a viagem que viaja a si mesma.

NÃO ERA SEDE

o copo contém   o sal
que faz sua praia
no corpo   o sal

que não é colhido nas rotas
de levar
e trazer suprimentos   o sal

que não é tecelagem da sede

numa casa desarvorada
bois sem trato mato nas alturas rio seco ao
redor

alguém sem nome pede ajuda a dois quase
mortos para aplacar a sede
na garganta

o copo com a última água foi
oferecido
ninguém bebia pela parte

quebrada na borda por onde
o último
gole combatia a salsugem

o Ninguém quase morto de sede bebeu
sorriu
constrangido aos irmãos quase mortos

: eles sorriram, dizendo que enfim
alguém como eles
bebera no mesmo fim de mundo

o visitante
– alguém adivinha por que razão? –
cuspiu a água e a chance de amizade

    o copo contido entre as mãos
    se pergunta
    era sede era cisma?

    o sal da terra ainda serve
    ou perdeu-se
    o tato nada mais é linguagem?

GAUTHEROT

um rio observa marcel gautherot enquanto
fotografa

um casamento com noivos e carros de bois

se tivesse um filho o rio diria do estrangeiro
com terno
branco
como a areia sob o carro de bois – movediça
a ponto
de atrasar o sim

se fosse estrangeiro o rio diria que recorta
figuras
de uma paisagem para outra

que a migração aproxima gente e pássaros

se fosse um convidado o rio teria os olhos
de gautherot
                que vê pela objetiva
a chance desse momento nunca terminar

                        mas um rio
não se ocupa de ocupações humanas

vão-se os noivos
os navios
catedrais pegam fogo na frança, um herdeiro
é golpeado
diria o rio   se fosse prisioneiro da sintaxe

ANTIGO CAFÉ DO HOTEL G

Paredes cobertas com fotos dos profetas.
Tutelados pela dúvida, apontam a direção
polar. Seus corpos esculpidos se rebelam
e o tempo, mesmo de argamassa, escoa.
Algo no hotel alicia os hóspedes: as janelas
para o nada? o anonimato para os crimes?
Dentes trincham a razão, o jornal detona
quem lê o dia. Assino a ficha de entrada
e não me reconheço na letra, afinal tudo
se dispersou na viagem, exceto a cicatriz
no tórax. Alguém se decepciona na recepção,
tão objetivamente quanto senti a sua dor,
ignoro-a. Há um *frisson* pelo infortúnio
alheio, um conforto sem paz até a nossa vez.
O aviso no saguão proíbe incursões às escuras,
rimos desse fármaco que supõe em nós uma
linhagem audaz. Um besouro avança
entre a polaroid e os profetas – a mão que
trata as malas com atenção o despedaça.

NOUVEAUX ÉVÉNEMENTS

O sol é de verão – o céu de outono –
apesar do dia claro não encontro a loja
do chaveiro egípcio.
O que faz um homem rodeado por satélites
perder-se no seu bairro?
As portas fechadas, os brios fechados,
há quem se veja
tirando o próprio véu?

Na enésima crise, o capitalismo queima
jovens na esquina, eles
sorriem vendendo as frutas da estação.
No céu de outono o sol, o que vê?
Um bombardeiro informa à base, errou-se
o alvo mas
as ondas de calor completaram o serviço.

Nesse clima, a vontade de ir à praia cede
e o teto barroco
cai sobre mim
                  sobre a louça
até este momento intacta num quadro.

É o meu estado
sem condescendência com o horror porque
eu mesmo
para vingar-me erro ao cortar cabeças
e sabotar miragens.

Alguém olha os pés num quarto de hotel,
seria Narciso
não fosse um exilado – insistem em cercar
a grama
que enfeita os adros de igreja no interior.

O sol completou outra volta,
a mãe dos esporos alonga a espinha
porque algo virá.
O céu é de outono – o sol estoura
os vidros –
com a vista embaçada,
não localizo o endereço do chaveiro egípcio.

TORQUÊS

o que esperam? por que nos chamam?
não há sinais de lava na cidade.

o musgo e a árvore se entendem,
pássaros comem (às vezes, o homem)

pela mão da praça. o fogo
não subiu a escada. então, que vítimas

são essas? na mala cabem as viagens
por fazer. porém, um contrapeso

nos prende aqui: por que não chamam
pelo que fomos um dia? velhos

por cima do mar? tatuados de raiva
com uma pedra no bolso?

nesta cadeira não se está alto, baixo
mas inquieto: haveria outra vida

se esta esperasse menos? se o lacre
não fosse a própria chave?

porque nos amam, o piso está limpo,
a sala arejada – uma planta

se adaptou às tribulações do corredor,
agir sob esta luz não é reagir.

o que esperar, por que ouvi-los
se trocam nossos nomes por senhas?

não sabemos, depois de atendidos,
se a foto de hoje estará próxima

do que fomos ontem.
lá fora, uma freada surta o coração

do ônibus, o grão da voz salta do livro,
alguma linha confusa se parte,

outra se emenda no precipício.
não se corre em vão, um giro na roda

indica a substância outra –
mel, ácido, gozo? – que nos acelera.

ANTIBIOGRAFIA II

1. Dizem mais uma vez: deixa de lado
a poesia.
O que esperas?
Ganhaste prêmios
e bulas
que não curam a dor no cóccix.

Não fizeste o possível
para que as palavras
lutassem.
Não vês?
Nada pode a sílaba ante a búfala
enterrada viva.

2. Deixa de lado
a elipse para voltares à infância.
Um caco de vidro
rasga tua pele e cais sem teoria
ao rés da história.

O passado monta o presente
com rédeas curtas
: por isso o atraso em chegares

ao bosque
antes do fim.

O passado monta a cidade
com peças
falsas
: falta sempre um verbo
na comunicação.

Experts da palavra
– como adivinhos que não
poderiam errar
o cálculo – claudicam.

Fixam o óbvio na capa
de um livro
e a parte melhor do tempo
se perde
mesmo no dia bem vivido.

3. Não viajaste
para que um postal de Catas Altas
da Noruega existisse.
Deixa ao lado da poesia
um osso,
princípio de flauta.

Respiras por tua conta
ou por aparelhos? Deixa
de lado
a cifra – há muito os guarás
crepitam
na floresta submersa.

Há excessos na pergunta
e na réplica.
Fizeste o que fariam os coletores
na primavera – nada
até vingarem os enxames.

Deixa de lado o que foi dito,
o prêmio,
a lupa de Órion.
A poesia dispensa
próteses
e se alia à mão que falta.

ÍTACA: AQUI

O MENINO

Teu primeiro emprego: levar o almoço
para as vizinhas na fábrica.
Pouco se diz do cansaço – um sarcasmo
a flor colada na máquina de overloque.
O orgulho em não atrasares aumenta
o tempo que Elisa e Marlene terão para
produzir mais. Elas somam a isso
a própria intimidade: comem na calçada
sorrindo para o sol gratuito. Se um anjo
azul ardesse, não poderiam salvá-lo –
rápidas com o garfo, não vão a nenhum
lugar. Vigiadas pelo relógio, perdem
o cinema e o parque. Aos nove anos, teu
coração é o cosmo, esperas
que Marlene e Elisa o explorem
com sua nave de overloque. Enquanto
sonhas, as operárias tomaram
assento em seus postos – mudas céleres
descem aos infernos da tecelagem.

O HOMEM

Os cães da infância não mordem,
não estão vivos – o que era osso nácar
se dissolveu e ainda rosna.
Brutus me pergunta:
"Por que fomos traídos?" Ao esconder
que era por susto em cama larga ou estreita,
por humano crime
pensando-me defendido, lhe disse:
"Foi por hábito de viver mais que a vida."
Malhado me acusa: "Vocês disparam à toa."
Sem palavra diante do sol e puto
por não expulsar o deus fixado na testa;
sem a íris girando entre a Sibéria
e a Índia; sem,
inteiramente sem alegria, lhe disse:
"Somos hábeis em morrer sem a morte."
Os cães que fui me desconhecem.
Um tigre azul,
outro pintado – indeclináveis na língua.

FILOCTETES

Um amigo escreve e se desculpa
por abrir-se

quando o mundo está fechado.

Há guerras no museu de cera.

O mundo é uma ilha pressionada
pelos saques.

No leste as fronteiras sob o jugo
de obuses

— outra vez alguém submerge
no muro.

Ontem o lírio do Jequitinhonha
resistia

e o que era Minas derrete hoje
a baixo custo.

No jardim, a tesoura
molda uma paisagem submissa.

Há um deserto entre as begônias

e um bulbo
comunicando-se com o esterco.

O amigo escreve em desespero,
desejaria fugir

da concha? do estádio?
com outro nome sob a camisa.

ROSAE

O personagem do conto disparou
a arma há três décadas.

As testemunhas do confronto
falaram em código –
árvore
poeira
rio
– viram o sangue e não fizeram alarde.

O disparo se dissipa se o alvo
não recusa o míssil?

Cada um perdeu e ganhou
ao fuzilar com palavras?

Andaremos, de agora em diante,
sem receio de emboscada?

Por décadas limitados à fadiga,
divertindo-nos com o que foi esculpido,
esquecemos.

Vieram filhos, dúvidas a prazo,
os mortos
que nos levam cheios de vida ao museu.

Um dia alguém retira o livro da tocaia.

E o que fora sangue
bílis
açucena em sossego
é chamado de novo para um duelo.

DIFÍCEIS RAZÕES

AURORA

Acordou cedo sem reparar
a tempestade

em seus cabelos. Ao contrário
do raio que escapa,

seguiu a coragem
obscura. Se esteve à mercê

de outra ordem, sendo outra,
talhou em si

com precisão de lâmina
nenhuma memória:

quando foi êxtase, talvez fosse
morte

que a si abortava; quando
foi morte,

era a noite em revoltada
estrela.

Não se iludam, por iludir-se
Aurora

incendiou – incendiou-se
sem que restasse

o ímpeto secreto da hora.
Para que dobrar

o hemisfério se o homem
é o mesmo rito,

a flora única que se esconde
no poema

e a nuvem mesma que, apesar
do peso,

cai luva estética em qualquer
poema?

Aurora dorme e seus cabelos
misturam-se

ao que é deixado pela manhã
à porta

numa garrafa ou num berço.

SEU CURSO

Para ir à Europa, Aurora Cursino
saiu de si, da

rede que ata um corpo ao outro
e a vida

aos hábitos sem desejo. Seguiu
a ideia

sonho que dá a chave a quem
se quer vivo.

Lira noturna, adiou o mundo
insano,

pagou horrores em prontuários,
seringas,

entre vagas e senhores na arte
de embalsamar

demônios. Para fugir ao batismo
incendiou

a casa o rosto a coleção de selos,
segou o país

onde igrejas falam sem a leveza
faquir.

Ira em fluxo – uma hora a mais
do que

se permitem os falos letrados –
quasar –

Aurora devassou o ilíaco como
se

veludo fosse, também angústia
– êxtase.

Viajou para a cidade de si com
valises

de álcool, escalou sem guias
a colina áspera.

Paris vista do alto é cemitério
de ninfas,

São Paulo, a roleta letal – quem
diria

que a paz está fora do circuito,
ao alcance

da mão cortada por exercício?
Aurora

saiu a si, o melhor dos cursos.
Quem a tocou

(esperando voltar ao cinema
da infância)

compreendeu que o sol duplo
não se deita.

SERRA DO ESPINHAÇO

Um inseto se debate na cortina.
Antes de morrer,
anima a vida
– seu pulso contra o bordado
é uma pinça.
Sua órbita não se conforma
à inércia
minha e tua
soterrados sob argumentos.

Quando nos decidiremos
garfo e faca
em punho
para cortar as artérias de pano?
A mesa tem artifícios
de bem-estar,
alguns anos a mais nos ossos –
logo chegará
o pai,
a mãe se levantará da sombra.

Merecidamente
levaremos o néctar à boca.
Se aqui estamos
é por termos lançado uma prancha
sobre o rio.
Quando o eclipse
ameaçou o futuro, usamos lentes:
era belo o interior do fogo,
dizíamos,
mais que átomos.

Na cor alterada do bordado,
o pólen funde-se à fibra
encerrando o rito.
O que fizemos além de detectar
a fome?
À noite, uma luminária de insetos
se aproxima
da janela:
nos debatemos sob lençóis e febres.

A BICICLETA DO ATOR

A capital a ser dissolvida demitiu
a flor e as reuniões de cúpula
não funcionaram. Ameaçados
os liames – que fazer? Há navios
emborcados na costa, homens
soterrados nos silos.
Um tiro atingiu o coração do mar,
furtaram a Bottecchia do ator.

Onde estamos? Como ir da orla
até a página da floresta? Pensa-se
que o ator encena – braços
abertos no meio da rua – dispersas
as pequenas e grandes causas,
o segredo, as rugas – o que fazer?

Se fizéssemos algo seria
pelo inseto que rói os contratos
minerais? Sob um túmulo,
outro com lascas de um fêmur
suturado. O que temos feito
além de brandir a clava

e olhar o livreiro reduzir sua loja
aos volumes de uma valise?

Há tanto repetimos a estratégia,
minaram nossa eficiência.
Que fazer? Pergunta-se o ator
ante a solidariedade em falta.
Sem a Bottecchia girando, o mundo
se atrasa – escala-se o Cáucaso
mas não se desliga
o botão vermelho à cabeceira.

ARTE POSTAL

sementes secas   ossos pequenos
reduzidos
à letra de uma amiga
emergem dos envelopes

por onde passamos há sinais de
discordância   – algo
menos que a garantia do sono
num albergue

anos
não mais que os necessários
para o sol estalar os óculos

lapidaram   a árvore
o pássaro
teus membros
para que esse móbile flutuasse

a montanha o raio o canal do rio
foram extintos

mesmo que tudo seja rastro
           (a língua inclusive)
recuperas no manuscrito
a floresta
o voo irreal de um bando no lago

o som vertebrado

*Visita aos Lucas, habitantes do cerrado de
Pinhões, em Minas Gerais.*

Para Camila do Valle

ADVERTÊNCIA

Este caderno não contribui para o Museu
do Homem de Paris.

A leitura será o sopro sobre suas palavras.

As festas
os sacrifícios
os rituais –
não sabemos a quem pertencem,
quando atravessamos a soleira de casa.

Diante do estranho – e todos o somos –
nos reconhecemos pela infância.

ANOTAÇÕES

1.

O jipe avança pela estrada branca.
Em noite de lua, o caçador dispensa a lanterna e ilumina
os rastros com a própria sombra.

2.

Uma família vai devagar.
Palmeiras macaúbas passam velozes pela janela.
Na região fala-se do mosteiro cujo nome
não está no registro santo.

Não se diz São ou Santa Macaúbas.

O vegetal disse ao humano estar cansado
de tramas e cuidou ele mesmo do mosteiro.
Ruíram os corpos e a construção.
Ficou o espírito Ror.
Intangível.
Feroz.
Tem a forma de bicho e planta para ser entendido.

3.

No estudo para a viagem, anotei as formações
naturais da região.
Grutas.
          Nomes da água congelada no teto.
Gnaisse.
Sumidouro.

O totem que não é pedra mas esporos
em voo no mesmo lugar
e às vezes
mulher que minha cabeça em tudo amasse.

4.

Antes de chegar a Pinhões
para visitar a família Lucas, escrevi:

"O que buscamos está em nós."

Isso é um clichê.
Clichês são a chave para cômodos escuros.
É como se falando de uma rinha
de galos
falássemos sobre a morte.
Seu fascínio.

5.

RINHAS DE GALO   ANGÚSTIA

homens rindo inocentemente

eu inerte pensando com a polaroid:

por que esta anotação em letras vermelhas?

6.

No terreno agreste, as casas são braços e pernas
dos Lucas.

A principal se estende sobre o alicerce e se divide
em quatro sonhos:

    o céu visto por um binóculo de macaúba

    uma estrela do mar colada à testa

    a sorte presa num brinco de ferradura

    um chifre sobrevivendo ao boi

Muitos se refugiaram na casa maior, mas ela não
impede o vento de apagar

o fogo. O mundo fere a todos se não engravida.

7.

Orlando inconformado antes de cantar: "Eu não tenho
mais meus companheiros."

Ao menos chorariam por ele se estivesse furioso.

8.

Eu-raposa de pelo ruço.

Vivendo com as religiões aprendi pouco sobre deus,
muito sobre os homens.
E não gostei do que vi.

Minha bisavó puri ficava dentro das pequenas coisas.
Apesar de morta,
não deixou de soprar na direção do vento.

E nós?

Somos grandes com a palavra. Sem ela, um grão
nos esmaga.

9.

TOTEM PREÁ

Manhã de sol – estavam descuidados – flores de
corola aberta.

Não viram descer o dente impiedoso.

Não dá para ser livre com a liberdade dos outros.

10.

OS SALTOS DA FAMÍLIA

Aos dezessete anos a mãe não sabe que terá filhos
para defender,
se quiser tempo para amá-los.

Ama agora a própria mãe, defendendo-a do urutu
que salta

branco
sobre suas cabeças.

*

O pai, aos sete, treme dentro da camisa quando
a onça
decola sobre ele e a irmã.

Até as cinzas, ela quer ser a mais velha – ele não

sabe

que o felino lhe dará mais de uma vida.

11.

Orlando depois de cantar: "Eu não tenho mais
meus companheiros."

Não é pelo que se perdeu que se canta, Camões?

Tira a fala da garganta, desce a flauta do pequi
e canta

a seco o rio em forma de harpa incendiado.

Ninguém volta à terra dos pais pelos mesmos
pés –

a menos que sejas tu, Orlando – pacificado
em tua dor.

12.

A mãe de si – *la mer* – faleceu.

Como pensar o néctar sob a cera?

A urina difícil de conter,
a orfandade
como um serviço de mesa.

Estava combinado de Hortênsia
Dionísia
e Maria Lucas
tirarem as excelências
na entrada do campo santo.

Não foi possível.

A chuva caiu toda de uma vez
como se alguém entornasse
um barril.

13.

PRÉ-POSTAIS

o pássaro cagou sobre a toalha
o pigmento de frutas
imprimiu formas sem data

*

viver preso ao homem que primeiro
atiçou
a fogueira
é estar morto com ele

ao cantares, deixa tudo crepitar

*

a araruna religou o telefone de penas

o pássaro terrestre
o pássaro do meio da árvore
o pássaro da copa da árvore
esperam a volta do guará

a araruna religou seu telefone de penas

*

o clique é um outro útero: o fotógrafo não
sabe que é mãe

a mãe sabe – para dar frutos afina a goiva
no algarve

*

bicho-pau *fantôme* transido na árvore
grande

meu irmão e eu mesmo esquecidos
ao sol

se eu te pegar com a concha da mão
(eu mesmo

– *toi*) quem vai crescer para dentro
do sangue?

*

duas mulheres recomeçam suas vidas
à beira do rio

não mais que uma faixa
de terra
para estender o corpo à galáxia
por um fio

o que plantar
o que dizer
a esse umbigo não tocado pelo dilúvio?

*

a voz de um galho sobre o açude
nunca é a mesma

: espelho que fala – lodo

*

o beija-flor inumado – o homem
de apelido mutum

um esqueleto âmbar que era
um lagarto

o mal antes de secar o palude

um canto – hã ê hã? – na cabeça

se continuarem a cavar pode ser
que a pá enferruje

o homem mutum tem um nome
beija-flor

*

o espírito criador de tudo
            – que não
            criou sozinho –
se enforcou na curva do rio

esse
é o gesto digno de uma enxó

14.

o rosto azul do menino caiapó no ciclo de nossa
senhora o atrito o rumor de um tambor na rua
o apito a sombra dos roedores o assunto do dia
: *escatungandém a redonda voz da morte-mor*
o dançante está livre pela cidade vindo da mata
onde à noite um delírio se encontra com a irmã
do sonho: à socapa se desce ao inferno se desce
das nuvens e pouco se precisa do medo: o rosto
azul envolto em cinzas passeia por são josé do
rio pardo, fala com hermes – um dos que sabem
que a tartaruga grande dá a volta ao mundo – o
rosto amanhece azul na casa do menino caiapó

15.

duas mulheres, um homem
riem
sob a árvore alaranjados

três cabeças medindo
a rua tentacular – um terno
verde anota

em seu caderno:
"as mulheres
e os homens não riem

depois que avistaram
a nuvem indigesta"
– as folhas saltaram

das árvores
para os ouvidos
dos passantes

– os estalos das vozes
que dizem
"é tarde"

são alarmes no pomar
onde os cristais de açúcar
explodem

16.

A perdiz diz que não precisamos
de deuses.

Naufragamos no arranha-gato.
Sem mais nem menos

achamos a saída. Pedra, ariranha
estão presas, movendo-se.

Se precisarmos deles, que seja
do mais anárquico.

17.

não há fotografia que testemunhe três mulheres
entrando na mata: duas sobre as próprias pernas,
outra sob um canto ainda menos canto – ruído
parco de embaúbas e espíritos subtraídos ao clã.
me pergunto se a câmera capturaria em sépia
o tremor dos pés nas folhas secas. se alguma vez
essa cena se repetisse quem – processo químico
ou dígito da floresta – a levaria para o futuro?
a pergunta está morta: a primeira é a última vez
que as três mulheres se deixam ver, sob a noite,
longe da foz: seguem agora por onde não se volta.

18.

O filho não preparou os cabelos.
Às vezes um sol tardio
nos basta.

Eu falo língua de jongo ninguém
compreende
eu fala "o muro é de feltro"
ninguém não entende.

Falam que os filhos crescem
à sombra de quem morre
– tatu mora bem
onde a cobra trocou de pele.

O nome deste lugar era indigesto,
mães não haviam nascido,
embora mirassem
a estrela de Sirius.

Eu fala língua de pranto ninguém
me entende.

Escurece em Nuremberga
amanhece

na Quinta do Sumidouro.
Eu fala "acuenda acuenda, Orlando",
ninguém compreende.

O vento não tem a ver
com a origem que levas
por assinatura.
O vento num caracol
arde entre o velho e o novo tempo.

O nome deste lugar, Orlando,
é:
cada um de nós puxa o seu fio.

Não é com elástico
que se prende a folha na árvore.
Cada filho é um filme, compreende?

Às vezes, cantar juntos
é cantar sozinho.

19.

Hortênsia, Dionísia e Maria Lucas começam o canto
fúnebre na segunda volta.

Duas incelência é da Virgem
Senhora da Soledade.

Se tivesse o morto, começariam: *uma excelência.*
      Ao ouvir, Nossa Senhora se ajoelha para velar
      quem está dormindo.

Agora é o ensaio do rito, a nosso pedido. Hortênsia,
      Dionísia e Maria nem sonham levar a santa
      ao engano.

      Vimos a mesma regra em Rio Vermelho.

Fotos no alto da parede fazem o céu dentro de casa.
      Os mortos olham,
      vestem-se de noivos,
      estão num ônibus de romaria.
      O papel de seda roça numa saia plissada.
      Uma ruga busca sua beleza.

      Quem de nós está sonhando?

Hortênsia, Dionísia e Maria vagam entre colmeias.
      Anotamos tudo receosos de que um achado
      perdido nos escape.

20.

ALLEGRO

Na véspera da despedida, fomos até a mata.

Deixaram para a última hora o nó górdio.

    ("aqui eles apareceram"
    escrevi, me antecipando aos Lucas)

Fomos até a grande boca sem vocábulos
da mata.

    (escrevi sob o desenho de uma figura
    envolta em galhos,
    mas invisível)

Os Lucas se deram as mãos e cantaram como
nunca haviam
antes.

A grande boca da mata escureceu e nada disse
ao que eu havia escrito.

21.

O jipe retorna pela estrada branca.

A noite em nós
como a esperança camuflada no capô.
Se ela saltar,
flutuaremos
fora da gravidade esverdeada.

De tanto perguntar, ouvir e mapear
sabemos
– eu e o etnógrafo do metrô –

que nenhum método funciona: na lapa
de Pinhões
em Paris

a fuga
do outro é a nossa biografia.

Se ele se revelar,
cairemos
sem a proteção da máscara meu-nome.

O jipe sob a lua branca.
(Quem vai à caça nem sempre volta
com o alimento.)

Entre tudo o que a noite mapeia, talvez
estejamos nós.

SEGUNDA ADVERTÊNCIA

Este caderno não contribui para nenhuma teoria,
exceto
a dos coletores de sementes.

O sopro excessivo sobre a palavra revela o pó
onde se esperava
uma mensagem.

escavações

VÉRTEBRA

A ponta do arpão se quebra
os dedos
a promessa
nós também – a escrita
nos remenda.

De modo imperfeito outra
forma
se conecta ao que ruíra.
Fundem-se
para fazer de um erro
um circo

uma ilha
sem habitantes porque
outro
em nós
se recusa a cumprir as ordens.

Há urgência
no instante em que tudo
vive intacto:
a língua de uma cavidade

em outra
nem tão secreta, mas
fechada –

o furo por onde a chuva
não esmorece
a mecha
sinal de um corpo que fora
inteiro
em alguma parte –

isso e mais
e menos que a carapaça
sem já
o inseto por dentro – o útero
onde espera
quem se perdeu nascendo

sob a urgência
agora
tudo se quebra – mal sentimos
a sintaxe
nova, arcaica
que escreveremos.

ESCAVAÇÕES

NO SUBSOLO

o que está comigo
faliu ante a secreta alucinação.

a história se estende
além do cordão umbilical.

um *looping* nas ideias turva
qualquer certeza

: fomos trezentos
quando éramos ímpares?

são tuas
aquelas unhas?

o que está contigo virá
à tona quando secarem o charco.

NA CIDADE

e essa casa não terminada
    ruína antes da hora?

trabalha-se ao contrário
para evitar sua queda

para o que não há contorno
se desfez o lucro

a não casa afronta o bairro
— seu cão salta

ao redor do sol
serpente mordendo a cauda

— sua fome nasce
da ruína que nos alimenta

NA CASA

das formas que interrogam
restou o maxilar

ponho a mão sobre ele
sem discernir sua epiderme

não sei
por onde começar o diálogo

gerado pelo gesto
que o inumou sou herdeiro

à procura
do que também esconder

NO MERCADO

duas mulheres reviram uma caixa
de batatas escolhendo

levam mãos que em outro tempo
não escolhiam seu trabalho

mas fiavam algo
que tendo vértebras não se dobrava

NA BAGAGEM

uma maçã ao lado do relógio
num quarto de hotel
e se entende que certas palavras
existem por ironia.

imarcescível,
por exemplo, garante a terra
no poema, fora dele
se despedaça ante a ferida do cão.

nem o que é duro se assume.
tua mão no peito e a chave,
o que abrem que já não esteja
exposto?

a grande fala,
o comércio em alta, o verão
financiado a prazo
dão vida ao desmonte dos átomos.

neste quarto de hotel
me pergunto por que um poeta
se vale de palavras impossíveis
para a realidade.

a essa hora,
perde-se um dedo, um animal
se afoga
– saberíamos
se não fôssemos aniquilados?

NO CORPO

Um cateter
cava
onde o coração
e a montanha se equivalem.

Os ritos que nos treinaram
para a queda
nos sabiam inquietos.
O homem
não é senão o silo para outras
espécies

– o grito, as fricções
no teatro
se diluem
com o avanço quase líquido
da fibra.

Ninguém existe, o que virá
é papel de seda na chuva.
Mas
e o poema-hipótese?
a duração na palavra?

O cateter desce a montanha.
Sem lírios
ou formulários de referência
acordamos
para a paisagem do sangue.

NAS IDEIAS

fios submersos se ligam aos malotes
no campo. veias recusam o casulo,

atrás do velcro exigem comunicação.

não submersos – nem íntimo cacto
nem livres   nem presos,

o que somos quando tudo é notícia?

o que tem de ser dito   e o não dito
saltam a janela: notícias fluem
se nada
acontece inventa-se a não mensagem.

NO MEIO DA NOITE

Atravessas o corredor, não percebes
a cópula em curso.

Objetos não se limitam
à cumplicidade de um corpo no outro.
Aqui se tramou uma revolta,
um filho.

Sob a audição de espelho
e portas
sob a ira de fechaduras e gestos
úmidos
se inumou um círculo violento.

Um gêiser pressiona as paredes
sábados escorrem
cupins acasalam
a sede se prolonga além da festa.

Um sopro permeia teu esqueleto,
sabes o nome
de algumas coisas —

estrepe

urna

comoção às cegas.

Podes menos que o enxame no beiral
da casa.
Aceitas o que a primeira
letra revela.

Não queres a linfa alcançada
pelo bisturi,
mas a fuga
do animal tatuado.

Vindo no corredor, pego de surpresa,
estás sem a régua
sobre a cabeça.
Queres
o que enfurece teu corpo e se dispersa.

NOTAS SUJAS

1.

O velho coloca a fita-cassete e o órgão eletrônico
repete as músicas. Ao lado, uma imagem
apoiada num pé de sapato
onde as pessoas depositam o dinheiro.
A religião e a piedade: piedade.
O homem – não grita, executa-se – bate
nas teclas e a música surge entre as gravações.

2.

O jovem toca uma canção conhecida
em tom melancólico.
Manuseia o instrumento, de fato.
Em sua companhia, uma senhora
e um cão assentados no escuro.
O público os ignora.
Sob cúpulas essa canção levantou plateias,
na rua até o enlevo faz suas vítimas.

3.

O inverno emudece o solo da harmônica.
Onde o defeito?
na extensão da razão e mão do homem?
no íntimo instrumento?
No palco improvisado sobre a mala
vinga
o som
de quem tocasse como se não estivesse ali.

ÚLTIMA FESTA DO ROSÁRIO

Nessa fotografia do século XX sinto tua respiração.
Não sabemos que em breve
Joaquim
se despedirá.
Não intuímos que antes do pai de Joaquim entregarás
o manto
e a coroa.

Essa fotografia é para morrer de tristeza
as sombrinhas
                coloridas pálios sem prepotência
filtram a luz do sol
e sorrimos
como se estivéssemos levantando voo sem perceber.

Pousados aqui, para o fotógrafo, com as mulheres
e as crianças
os novos e
os velhos paramentados
                aqui, na porta de casa
sob fitas
e turbantes

(ninguém se mexe – pede a máquina de espíritos)
     lá, aonde já não vamos,
cada um desliza por dentro.

Não há vento, a barra dos vestidos e as capas
de cetim
azul e rosa
se descolam do chão – nenhuma aragem, nos queixamos
por educação.

Aquele instante nos teve tão próximos que o terço
em tuas mãos me enlaça
e por ser uma hora
aberta
sequer nos tocamos: meio-dia, mira-sol, quem te vê?

Tenho ainda o colete daquela foto, não mais o corpo.

E a percepção
de que o descanso em forma de sombra no rosto
era um indício:
não soube antes, não saberei por que estão deitados
tu
Joaquim
e seu pai

os irmãos as irmãs
e aquele sol.

        Não haverá nunca como saber
se aquele clique quando amávamos era o futuro.

VISITANTE

À Matylda Rosinska

Não adianta fotografar
o alicerce o caibro
os gonzos

a forma quadrada o vidro
trincado
não adianta o corpo
sobre a pá
como se escrevesse
cavando

não adianta – isso preso
no quarto
escuro não é a fera
não é
a trama que vai da palavra
à imagem.

Não adianta centrar o foco
no vômer,
não há sêmen
sob a grama.

Não vale fotografar o arco,
o resto
de esperança
atirada, a seta –

exceto se a luz dourada
pousar
veludo
sobre as arestas.

ÓRFÃOS DO BARRO

LIRA MARQUES

O Cabeça se debruça sobre
a mão,
molda uma forma indefesa.

O excesso deitado
fora
não presta para um beijo
entre fronhas.

Maria Lira
Marques de amor estuma
o torno
dos enforcados, dá um jeito
no rejeito.

O deus logro não é demiurgo.

Lira que o diga ao fazer lume
com seu ofício
: onde não caberia um boi
ressoa
o cosmo de um olho vazado.

G.T.O.

A vida fora da árvore
junta-se às
do tronco.

Morto, apruma-se
num corpo
em braile.

Este enreda por
trás
uma cintura:

juntos, em abraço
e medo
somam-se

a outros como deve
ser numa
roda

de sexo e nomes.
A vida
de novo enflora

ruma para cima
e abaixo
– insana árvore

que adoramos
enquanto
gira nossa fortuna.

MARIA AUXILIADORA

Há mais flores no quintal
do que pessoas debruçadas
sobre si mesmas.
Faltam ossos e culpa pelo atraso
de um gesto
de uma palavra
que foi à fonte e não retornou.

Se as estações adiantam
o cálice
podre onde havia um broto –
o que dizer da hera
subindo à parte
impossível de ser tocada?

Não se contradiz
o dia claro.
Nada perturba o nexo fundo
e forma
da natureza posta
à frente da casa.

No entanto, o que perdemos
no tato
(e nos sentidos iludidos pela
moldura)
é de um prazer sem nome
ainda
: porque sem forma, no fundo
desafia
a ordem natural das coisas
e a memória.

JADIR JOÃO EGÍDIO

O argumento da rabeca vem à noite,
subindo, à procura de ouvidos.
Estou à beira de um campo, entre
macegas e o que não caiu ainda.
Cega paisagem, surdo canto, trevas

palavras. Ninguém me ouça: sob
a névoa o mato cresce, mineral que
se quebra ao dobrar de tamanho.
Quero-queros, sanhaços, qualquer
um que seja também feminino
sabe o círculo em volta de tudo.
Nada se verga ou levanta se não for
para engordar o anel desse noivado.
Sou um entalhador, uma secreta
forma que não tem telefone – serei
breve crescendo noite após noite,
sob o mato e me quebrando
para esculpir rostos que não sonho.

CIÇA DO BARRO CRU

Não sou o esteio do mundo, mas
a parte fraca
do seu alicerce – isso me dá a força
de um graveto
depois que o dique
pôs abaixo toda a mata.

O que resta cabe no meu quarto
em dois por quatro metros – à volta
dos animais

que capturo – ainda sem a capa dura –
no parto.

ELZA DE SIQUEIRA

As ervas não estão na sílaba,
Elza sequer escrevia.

Nunca houve seu caderno
como um quintal

de A a Z.
Sua mão imaginou, contudo,

uma frase
em cada renque de árvores

: tudo, às vezes, tão simples
e impossível –

tão raro e espesso
confundido a um galho seco.

A paisagem de seu pensamento
se abriu

à intenção dos ramos, urdiu
em si uma floresta.

Ao visitar os brotos na grota
viu a terra em aula

com os bulbos. Não se fizeram
caçadoras de troféus,

mas da espessura
que um pistilo alcança. Elza

de Siqueira indo ao palude
não decifrou

a mata, perdeu-se
como quem floresce ao rés

da linguagem – fez-se alta
entre macegas.

RENQUE

José de Pádua Lisboa usou
o sobrenome
do pai como blusa – a vida

se alongou nos filhos
criadores de forma: Itamar,
primeiro

– depois José, Valdir,
João,
Eleusa, Eliana, Vicentina,

Maria e Antônio, nômades
em seu mesmo
lugar.

Onde havia paisagem,
povoaram
com um animal sonhado

entre plumas
e garras que se ocultam
no homem.

José, que trazia consigo
a cidade branca,
diluiu o pai em si – foi mãe.

CINEMA MUDO

Nada se move, embora guerra e nascimento
latejem com as notícias.

O grito não se mistura à nuvem, a mordida
do cachorro aguarda sob a presa.

Ninguém ameaça com o estilete, o sangue
ainda trabalha.
A caçada não começa,
o javali é todo força diante dos atiradores.

A professora e o aluno não saíram de casa,
o abraço é indefeso,
o avião em queda se deteve.
Para nosso alívio,
algo se alonga nos intervalos.

Não distinguimos Hidra de Eva, se a chuva
irriga os sapatos,
se nos liberamos dos deuses ou não
ATÉ QUE
a mão solta a corda a orquestra contra
– ataca   e a vida enfim se deflagra.

MATANÇA DO PORCO

1. tendo fome ou não, o porco é a razão
de amolar facas e o homem engordar espíritos.
o porco insone tira o sono
do fabricante de tachos, ex-deus cárcere.
sendo a fome e não a razão, matamos
a mãe – erguemos o pai no topo
da montanha e caímos torpes de alegria.
não há civilização sem o porco e seu terno
engano de confiar na cerca. não há barroco
sem a onça (sombra do porco) nem clássico
que tocassem de barriga vazia. a não ser
pelo porco não há público de corpo presente
na missa em que celebram alguém morto.
a falta de razão na fome do homem
mata Descartes no coração do porco.

2. até quando? a faca não indaga, convicta
de que o céu é um deserto e com sangue
se rega a palavra *orbe*. o porco
contesta – com seu aparato de gritos
inunda a manhã e a tarde, expõe
o remorso de quem morde por excesso.

antes que tudo aconteça, o porco torce
pela estação das águas, sabota o mercado,
encontra na feira outra ave do paraíso.
o porco se quer livre, o homem *idem*, sabendo-
-se aliados contra a fome. mas há indícios
na amizade que são uma sentença de morte:
o rito do porco cria da lama o que nós
– entre lençóis de seda e cinismo –
aniquilamos de mãos limpas. tendo fome
ou não, alguém ergue, alguém baixa a cabeça
num altar enfurecido. o porco?
o homem? a civilização inteira num sábado?

3. fora do porco não há saldo favorável
para a carne e o espírito do homem.
o porco se esforça por conta própria,
se dependesse da história seria extinto.
tanto sangue derramado pelo homem
na agonia do porco e do seu corpo,
há muito deixou de ser fome
(embora ela floresça atacando
pelos flancos). fora do porco
não há salvação nem barca para levar
os filhos desse rito – na hora H, ninguém
recorda de um cutelo antes
da festa – mas e o sangue nos cabelos?

INSULAR

Na América Latina toma-se a vida
num comércio – longas horas
planejando a retomada do território.
Atrás do balcão o desejo se evola,
respira-se uma súbita ausência.
O que foi assinado em cera endureceu,
pacientes sofrem, uma consulta
adia o amor, derretem as geleiras.

Numa estrada vicinal, ônibus
seguem os sinais para lugar nenhum.
Um menino e um velho esperam
na fila do cartório: é preciso rever
o que a mão assinou em hora nebulosa.
Trazem um canivete, uma rã
de lugares há muito incinerados.

No tempo-aresta os homens
asseveram suas certezas:
a salvação não só existe, está próxima,
os crimes são esquecidos.
Afinal, no fim, vale
o livro do ano, a firma do ano,

o mais vendido,
o vendido perdoado por conveniência.

Ontem, um desastre impediu
os trabalhadores de voltarem para casa.
Ficaram como nós depois do assalto:
ilesos, com o coração na mão?
Transporta-se laranja, mel
e alguma lucidez através da fronteira.
Vendem-se na bolsa de valores
outros bens extraídos à fórceps.

O continente se redime na mesa
onde comem o melro e o gato-mourisco.
O menino e o velho falam às pessoas
como se fossem os reis do trompete.
A América Latina e suas crianças que puxam
a manga da camisa como a um gatilho.
– Gastem a câmera para capturar
essa imagem e tirar os turistas do sono.

UMA NOTÍCIA – NÃO UM POEMA
NUMA PADARIA DO BAIRRO

1960
árvores e casas descansam
antes do caos
o rio de nome água podre
não corta a cidade
homens ignaros farão isso

1965
pausa para a eletricidade
e a máquina
de overloque

pax
para os rolos de algodão
na tecelagem

sem pés mãos e cabeça
trabalhadores
posam diante do bonde

1969

    uma lambretta veloz

    uma vemaguet
    tartaruga

1975

    uma rural sobe
    um fusca desce

    a rua o país um tobogã

1979

    um fusca um opala
    um chevette
    na rua cada vez mais
    estreita

o que foi guerra ou luta íntima
voraz
decora a vidraça como cicatriz

MONTAGEM

Não é impossível prever o futuro.
Casas em cúpula, corpos de plasma
em nada surpreendem.

O objeto ínfimo
que nos recupera em três dias
dos anos em solidão –
não é mais possível
viver à margem
se tudo está para ser dissecado.

Na intenção de tirar o lodo dos degraus
as ferramentas seguem
– alheias ao braço –
cavando em sítios
onde nunca houve uma cidade circular.

Mas, e a parede de folhas,
a sorte de uma lagarta no fruto –
tua aliança
um convite
o sexo no bairro que não dorme

o susto
com o sal na língua?

Não deciframos o que está grávido.

Sem a mulher que dança para si,
sem a mão que abre a porta
e solta
de si um país,
como chegar ao dia de amanhã?

Uma perna roçando a outra
em hora íntima,
um cigarro
na cidade em chamas,
isto
e a pele que não te aprisiona
cortam a vida ao meio.

É assim, via de regra, o pulso do jaguar.

NO TÁXI

Deixas o hospital com a intenção
de não desperdiçares
a chance a mais.
O mundo
é brusco e o golpe
insiste no mesmo lugar, veloz.

Para saberes do mal cultivado,
olhas a receita:
B2 é um bombardeiro
ou uma senha? Saberemos
quando a vida explodir.

Fora de ti, a chuva de granizo.

Vomitarias, não há tempo.
A chance
é para não perderes o humor
e agires contra
os que tramam atrás do vidro.

Florescem os raptos.
Uma árvore à porta da escola, uma

cerca atravessada
por cachorros – movimentos
em rota de colisão.

A chance
é para decifrares um rosto
enquanto
não é demasiado humano.
No sinal fechado oferecem-se
saltos mortais.

O FORRO DE UM SOBRETUDO

1. Para o corpo que amei
nenhum segredo
a não ser que nos soubemos
inconclusos.

Quando não havia Minas
e a guerra viajava num trem
para Domodossola
batia-se
por um mapa
sem arame nas bordas.

Não sei o que fomos
para existir essa memória
– lançaram gás dentro
do túnel:
sugaram-me as bocas
de carmim.
Teu corpo me contém
pelo avesso.
O algodão feroz é o que tenho.

Entre o fogo ontem e a chuva
agora
uma orquídea extinta floriu
na Mata Atlântica,
não basta.
Bloquearam os bens do tirano,
não os seus danos.

O que trago no bolso
roça quem nos parte em colmeias.
É pouco,
talvez muito,
vai por uma estrada ágrafa.
É o que se tem
depois de incinerados os mapas.

2. O que foi escrito não existe
sem as ampolas proibidas.

Não existiria o que é
    letra
      em papel pólen
se a cabeça não boiasse no rio.

O que se escreve
é o lisérgico da alma – no céu

de feltro
toda ação falha, cada ímã
se retrai.

De que adiantou
enviar cartas a Stalingrado?

O cerco às cidades continua
      sal armas botinas
o que Minas remeteu apodrece.

O sonho com a mãe esvazia
a medula
– morrer não é justo é a juros.

Atear fogo ao céu,
quem sabe?
Não refazer o chão da fábrica,
não dizer
que o resíduo ainda é válido.

O que se tem no imediato
é perda.

Adianta o selo com a mesma
mensagem?

O cerco às ideias tem aparatos
     em Minas
ou em qualquer estado.

porte étoile

SOB NOVA DIREÇÃO

Sirius colada ao ninho celeste.
De costas, sinto o arrepio

da pedra e meço com a mão
sua órbita: à esquerda se

alonga, no centro
congela sobre a própria cauda.

Sou um homem de aldeia com
algumas ideias – o capim

deitará às minhas costas.
Quando os turistas vierem ao

Espinhaço terão guias para
meu esqueleto (dois fêmures

em direção à galáxia)
e verão o movimento

de Sirius gravado nas paredes
do penhasco – um aviso

aos guias: não pisem na cabeça
plantada neste sítio,

depende-se dela para entrar
em órbita, ainda que mortos.

Cabras e ratos-do-mato são
melhores do que nós

num passeio entre os corpos
celestes: não olham

para a objetiva, não posam
para esconder

a paisagem: são eles próprios
com o quasar

e Andrômeda, com a Ursa Maior
e Vênus

a grande manta
escura – deveríamos rastrear

entre as pedras a pedra-pomes
que somos.

Um pino de escalar e um sapato
de travas riscam

o céu e a terra, confundem
as linhas, cortam

os elos de antigas constelações.
Se eu pudesse acordar

dos dias inumados – cabeça
acima dos fêmures –

afagaria os roedores que me
coçam os ossos,

devolveria o dinheiro pago para
me arruinar o sono.

Enfim, colado ao ninho como
Sirius em sua

iluminação de gelo,
não tenho movimento, dizem.

O cão Argos uiva sem pesar
à nossa volta,

certos pássaros têm a chave
de nossa altura.

De costas, no leito de pedras,
meço a rota de Sirius,

já não entalho portas nem tiro
os animais da chuva.

No entanto, o corpo mineral
espelha

o que foi viagem e um dia será
o antimapa.

INFINITO

No hotel dos refugiados anotam telefones num papel protocolar.
Entre os calos, um rio seco vai se gravando. Ficou para trás
a biblioteca que os mortos arrumarão, uma carta entre páginas
que alguém revisou – quem lerá esse livro de fuga?
O que não ficou para trás é o mel de um encontro e o veneno
indissociável do sangue. Da janela vê-se a pluma que a polícia
interpela (ou é uma cena de documentário em Super 8?).
No parque em frente ergueram uma casa circular de bambus,
os cantos dizem que são mal-educados nossos ouvidos.
"Vocês não devem ligar antes do caos", escrevem junto ao número
do telefone. O que ficou para trás está adiante, depende da janela
de onde você saltar, dizem na casa que não se verga à Guarda
Municipal. Os nomes anotados nos hotéis ficam mudos –
girando no cataclismo, trocam o néon da portaria por silvos.

PAINA-PESADELO

O ângulo em que se tomou a foto colocou
Divina à esquerda, seu irmão Dante
à beira da porta,
os filhos primos visitantes
e animais formaram
um círculo com quem estava no campo.
Talvez não seja isso –
o que dá a impressão de uma cozinha-nave
é o prato que Dante tem nas mãos
farto de arroz farinha feijão e carne ao molho
de ervas da casa, as únicas
que saem das mãos de Elza para nos levar
ao Setestrelo – ESSA É UMA FOTO de pesquisa
anotaram na parte de trás do papel.
Anos depois parece uma reunião de quem
não se sabia embarcado
e àquela hora
no almoço tardio se alimentava de si mesmo.
Apenas Dante
e a mulher das maçãs no quarto do hotel
olham a terra por dentro e por fora,
os demais insistem em dizer
que continuam tão vivos quanto na foto. NÃO

ERA UMA REUNIÃO, mas vistos
na ordem em que giram os astros – quem
não admite que poderia ser um rito?
Aqui a foto capturada em preto e branco
: olha-se o prato e a mão que o segura
o chão escasso
os óculos que ajudam Divina a ver e a escondem
do mundo – olho para nós
que não lembramos
do fogo e o sentimos na garganta.
O registro afirma que nada aconteceu, mas,
e essa crepitação na retina?

O RETORNO-ESTORVO

1. O QUE SE FAZ agora
foi feito antes –

a roupa escolhida
para ter sorte na pesca

o anel gravado em
garantia de um acordo

a mão firme onde
uma assinatura espera

o sal posto ao sol
para durar o alimento

– tudo se dispusera em nós
por alguém nascido

sem que entendêssemos
sua mensagem.

2. O QUE SE FAZ neste instante
é ainda o gesto nublado

em mim, em ti.
o que toca se deve à corda

dada antes de haver o relógio.
quem pôs na erva

o mistério e a cura, sofria
de um osso rendido

ou de um desvio
na coluna da ursa maior.

3. QUEM FEZ o primeiro vaso
soube que iríamos

à mesa com tanta fome?
quem se fez antes depende de nós

para descobrir sua campa.
quem nos fez

devorou o que seríamos
depois de atravessado o deserto.

4. O QUE SE FAZ faz o tempo
o lugar, a língua – faz um corpo

errar na planície de outro.
aqui se faz e se conflagra algo

que dá sentido à pesca
mesmo que faltem os braços.

rio, a vestimenta.
o que se faz é fruto de ontem

: fora da casca
explode à espera de um nome.

SANGRIA

Enterrei na curva
do rio, não devia ter demorado.

Enterrei onde
a lama ainda não era lama.

Estavam
comigo os enterrados vivos,

os que não tiveram
braço para cavar a fundo

e os que
presos sequer viviam.

Enterramos
à unha o que de nós não desistia,

tão íntimo
em nosso fogo queimara, em

nossa cama
dormira – enterrei enterramos

por
termos perdido o desejo

que nos
ensinaram antes de haver o rio.

Enterrei
o que me habitava sem forma

e em
outra matéria seria esculpido.

Não era preciso
ser o eixo da roda do mundo, não

era
: bastava descer o sol da cabeça

que o mais
viria a bem do corpo (não veio) –

enterrei
o mar de ilusões na curva do rio.

SOBRE UMA FOTO O QUE
HÁ MUITO SE ESPERAVA

dizer,

para
olhar o mundo sabendo que suas escaras
são as dele
é urgente
deitar no útero que em breve será éter

deitar como quem desistiu, a não ser pela
cabeça
apoiada nos cotovelos   levantar-se

horizontal no passeio enquanto o público
dirige o carro
segura a bolsa e se dirige ao abismo

para absorver
o humor
a bílis
mal revelados no beijo no abraço na fruta
presa entre os dentes

é lícito deitar-se
         depois de haver dormido
mais que a noite
dar as costas
a quem a persegue a quem se arrepende
por tê-la morta no incêndio

tudo o que é preciso para ver o mundo é
se deitar
fora do foco

UM POEMA – NÃO
UMA NOTA ETNOGRÁFICA

não há terra firme,
arame farpado não há
ao redor do que subiu
e desce limando o limo.

tirem a calota dos pés.
flutuem: sépala,
princípio de alma
que nos veste com linho.

descer sobre ínfimos
esqueletos é para poucos.
o fundo da lapa
nem é seu futuro.

diz-se quando se olha
a escarpa: se um tronco
emagreceu
para ficar entre pedras

por que nossa chance
seria menor?
se nada segura no ombro
o que tecemos,

que peso-largura-pesar
nos impede
de cair além
do próprio fundo?

não há farpas no ciclame,
terra sobre o cadáver.
os pés têm por sapatos
a fuligem

de um forno apagado.
temos muito para aprender
com o que subiu
e desce o limo limando.

é cedo para queimar

é preciso fumaça

não existe nada depois

deixa ela subir

vamos pelas paredes

é a defumação

onde estou a morte está comigo onde estou a sede
está comigo onde estou o poço dos aflitos se cava
comigo

vamos pelas paredes

não existe nada depois

é cedo para queimar

é a defumação

vamos subir

mas é preciso

estou na camisa de força – quem está comigo na
goela, quando se grita? – onde estou até o raio se
arrisca

não existe nada depois

vão pelas paredes

parecem duros

eles estão subindo

é a defumação

é cedo para queimar

onde não estou, as cinzas me convencem – onde o
ipê-amarelo envelhece não se faz casa com paredes
só a defumação

NUBES VOLUCRUM

está morta desde o encontro com uma árvore, quando as
rodas não fizeram a curva: o mundo devia girar, não suas
rótulas – seu cabelo guarani – sua conformidade com os
atirados
no labirinto: a sorte está morta desde que posta a palavra
dardo

desde que morto o braço ao redor de um livro de êxtase

pássaros chegam à porta com paramentos de um soturno
aviso
: fizeram tudo o que se faria naquela hora, menos soprar
a saliva
nos mortos – menos soprar nos lábios o que foi um dia
recusa a esse rosto sem reflexo contra as árvores: *nubes*

volucrum ainda viaja – cava sob tua pálpebra um rastro

GRAVIDADE

— falta o corpo à máscara da raposa presa
na parede.

é o que resta desde que foi surpreendida
pela grua

virando a cúrcuma e o sol pelo avesso.
há noites

corria com o espírito do rato-do-campo
cinzenta

para escapar de quem lhe salta em cima
e trava o pelo.

— falta o corpo a essa máscara, sobram
películas de

silicone para vedar passagem à formiga,
sobram líquidos

amaros em torno da antiga boca de lobo.
a máscara é tudo

para quem foi antes um fruto, um pistilo
caindo em renda

na corola: ouçam, apesar de tudo, o rato-
-do-campo

engordou numa talvez primavera, outra
ave noturna

tem para treinamento o ir e vir da grua.
na falta do

mato um escavador forjou um labirinto
sem medalhas

no centro, afinal um touro não esconde
o homem

nem a hipótese que engravida a máscara.

MANUSCRITO

Enquanto pisas folhas e galhos, tudo está passando
– severa lição do totem, incerta lição de ninguém.
Em meio ao fluxo, te recusas a ser o vulcão da hora
– ígneo, teu coração não se deixa ver.
Por uma razão desconhecida (que, implícita, revoga
teu orgulho) aceitas uma condecoração – podes
assim olhar por dentro a engrenagem e sabendo
o que nela é vidro lançares um pombo sem asas.
Se escrevesses o *Argonautas do Pacífico Ocidental*
não serias um homem, serias um bumerangue.
Esse é um livro de incêndios submarinos,
basta ler o índice para saber quem morre de fome.
Livro incompleto – os dias são –, tua mão, teu sexo,
não foram acabados ontem, nem serão amanhã.
Enquanto andavas nessa direção, tanta coisa passou
– dura lição de todos, falsa lição de bem-
-estar: se embarcasses com os argonautas
talvez notassem que tens os olhos rasos d'água.

PONTO DE ÔNIBUS DESATIVADO

quem puder, embarque em si
por meia passagem.

muitos ficam pequenos
para o mestre parecer grande,

se afogam no esterco
para o mestre ter uma guirlanda.

multas, ofertas, joelhos ralados,
menos trigo e sal

bordam
a suma dos conselhos falsos.

agora, bem no topo, a subida
começa. o que se fez antes

– exercício para o fêmur –
não permitiu ao pensamento

pausar à beira do açude.
diante do que não se escala,

inventam-se regras
para insultar o canto.

quem puder, embarque
com os lêmures entre o lusco-

-fusco e a gare
de lugar nenhum – mas isso já é

uma placa, um elogio
aos olhos desamparados – quem

puder, embarque
sem checar o pedágio e a latitude,

com um pão
apenas no bolso sem costura.

embarque em si
quem não quiser um peso morto

e se quiser
uma casa que seja porosa – mas,

outra vez, isso é já
um conselho ao redor do pescoço.

NA TRILHA

Os dedos foram puxados pela máquina de moer,
isso vai durar.
Todos verão por dentro os dentes da máquina
de moer,
um dia seremos os dentes da grande máquina
de moer.

João Barandão Dalão Dalango diz que não, diz
que triz
não é três.
Muitos estão a reboque da máquina de moer
e tocam
a sirene da moedura.

João Barandão Dalão Dalango não é filho-ímã
e pergunta
se um homem criado na seca vai escorregar nas
águas.
– Não vai, não vai quem foi de Várzea Alegre
a Berna
sem tirar os pés do chão.

Podem puxar com força os dedos para a máquina
de moer:
o sol tilinta em Berna,
o inverno
em Várzea Alegre – apesar de tudo,
João Barandão Dalão Dalango escorrega em sua
prancha de carne e osso.

BABEL

o coração conectado à seriema tem as penas-rimbaud.
em pé ao rés da embaúba, atenta para a chuva
com pressa de não ler nossos poemas, seu coração não
está à mercê da sombra: agramático, tem o magma por
dispersão, não por origem. a seriema não se preocupa
com o sentido das coisas, insônia que anima linhas
de pesquisa onde vão à luta Foucault, Derrida, Greimas.
a flor de lótus lhe interessa, dizem sem luvas que é
da natura escamar-se e, como alguém que se engole,
ser nuvem – onça onde a pensavam morta.
deem crédito a quem compra sapatos, não o caminho.
o coração desmascara os sistemas – colmeia, corpo,
memória não são mais que alturas a serem escaladas.
cair é uma contenda, festa que dispensa alegria.
deem carona a si mesmos no voo que a seriema testa
aos pés da embaúba antes de estourar no espelho-lago.

NOTAS

"ÓRFÃOS DO BARRO"

LIRA MARQUES BORGES (Maria Lira Marques Borges).
Ex-lavadeira, nasceu em 1945, em Araçuaí, região do
médio Vale do Jequitinhonha, em Minas Gerais. Pin-
tora, escultora e educadora popular.

G.T.O. (Geraldo Teles de Oliveira, Itapecerica/MG,
1913 – Divinópolis/MG, 1990). Ex-trabalhador rural,
fundidor e vigia noturno, dedicou-se à escultura em
madeira.

MARIA AUXILIADORA (Maria Auxiliadora Silva, Cam-
po Belo/MG, 1935 – São Paulo/SP, 1974). Antes de se
tornar pintora, foi empregada e bordadeira. O poema
dessa série foi inspirado no seu quadro intitulado *Co-
lheita de flores*, de 1972. Ver Lélia Coelho Frota. *Peque-
no dicionário da arte do povo brasileiro – século XX*. Rio
de Janeiro: Aeroplano, 2005, pp. 306-310.

JADIR JOÃO EGÍDIO nasceu em 1933, em Divinópolis, Mi-
nas Gerais. Ex-carroceiro, aposentou-se depois de grave
acidente e passou a se dedicar à escultura em madeira.

CIÇA DO BARRO CRU (Cícera Maria de Araújo, Juazeiro do Norte/CE, 1920–1997). Por volta dos 25 anos, começou a trabalhar com o barro, sem levá-lo ao forno, para a confecção de suas peças. Ver Lélia Coelho Frota. *Op. cit.*, pp. 143-144.

ELZA DE SIQUEIRA (s/d de referência). Raizeira da comunidade de Mato do Tição, Minas Gerais, que Núbia Pereira de Magalhães Gomes e eu registramos no livro *Mundo encaixado: significação da cultura popular*. Belo Horizonte: Mazza Edições, 1992.

RENQUE. Baseado na vida e obra dos integrantes da família Julião, da cidade de Prados, Minas Gerais. Ver Lélia Coelho Frota. *Op. cit.*, pp. 261-263.

ÍNDICE

MAPA EM COLAPSO

Mapa em colapso	11
Rio do Sono	23
Não era sede	25
Gautherot	27
Antigo café do Hotel G	29
Nouveaux événements	31
Torquês	33
Antibiografia II	35
Ítaca: aqui	39
Filoctetes	41
Rosae	43
Difíceis razões	45
Serra do Espinhaço	51
A bicicleta do ator	53
Arte postal	55

O SOM VERTEBRADO

Advertência	59
Anotações	61
Segunda advertência	81

ESCAVAÇÕES

Vértebra	85
Escavações	87
No meio da noite	95
Notas sujas	97
Última festa do Rosário	99
Visitante	103
Órfãos do barro	105
Cinema mudo	113
Matança do porco	115
Insular	117
Uma notícia – não um poema	119
Montagem	121
No táxi	123
O forro de um sobretudo	125

PORTE ÉTOILE

Sob nova direção	131
Infinito	135
Paina-pesadelo	137
O retorno-estorvo	139
Sangria	143
Sobre uma foto o que há muito se esperava	145
Um poema – não uma nota etnográfica	147
Nubes volucrum	151

Gravidade	153
Manuscrito	155
Ponto de ônibus desativado	157
Na trilha	159
Babel	161
NOTAS	163

A impressão da primeira edição deste livro foi
realizada em setembro de dois mil e vinte dois, mais
de quatrocentos anos após as primeiras escavações na
terra que hoje chamamos de Minas Gerais. O som desse
trabalho de exploração pode ainda ser ouvido entre solo,
animais, construções e pessoas. Esta obra é uma dessas
reverberações. Também consequência desses sons são
as criações do poeta, compositor, músico e multi-
-instrumentista Milton Nascimento, a quem este livro
é dedicado, no ano de seu octogésimo aniversário.

*

Este livro foi composto na tipografia Horley
Old Style MT Std, em corpo 10/15, e impresso em
papel off-white pelo Sistema Digital Instant Duplex da
Divisão Gráfica da Distribuidora Record, para a
EDITORA JOSÉ OLYMPIO LTDA.

*

90º aniversário desta Casa de livros, fundada em
29.11.1931.